Landfrauen Wähenbackbuch

Landfrauen Wähenbackbuch

Stefanie Sager

FONA

www.fona.ch

Verantwortlich für das Lektorat: Léonie Haefeli-Schmid
Gestaltung Inhalt: FonaGrafik
Foodbilder: Claudia Albisser (ohne Seite 45/Jérôme Bischler,
Seiten 49, 71, 91 und 119/Andreas Thumm)
Lithos: FonaGrafik
Druck: Druckerei Uhl, Radolfzell

ISBN 978-3-03780-382-0

Inhalt

Fleisch & Fisch

Die Rezepte sind,
wo nicht anders vermerkt,
für 4 Personen berechnet.

Abkürzungen

EL gestrichener Esslöffel
TL gestrichener Teelöffel
dl Deziliter
ml Milliliter
Msp Messerspitze

Vorwort

Wähen, Kuchen, Dünen und Fladen, wie sie je nach Region heißen, sind bei Klein und Groß, gleich welchen Geschlechts, äußerst begehrt. Während die Jüngsten süße Wähen favorisieren, sind später süße und pikante Wähen gleich hoch im Kurs.

Wähenteig ist nicht gleich Wähenteig. Die einen lieben ihn leicht, vorzugsweise mit Quark hergestellt, die anderen möchten auf das Butteraroma nicht verzichten. Auch der Hefe- und Brotteig bieten sich an. Apropos Brotteig. Wenn früher auf dem Bauernhof alle paar Wochen Brot gebacken wurde, gab es aus den Teigresten herrliche Wähen, die dann im Holzofen in der Restwärme gebacken wurden. Man sollte aber punkto Teig keinen falschen Ehrzgeiz entwickeln. Im Quartierladen und Supermarkt kann man sich auch mit Teig eindecken.

55 Rezepte, 55 echte Wähen-Erlebnisse! Damit wird nicht zu viel versprochen. Noch nie ist in der Wähen-Backstube so viel experimentiert, kombiniert und herzhaft gewürzt worden.

Produkte-Abc

A

Auskühlen Süße Kuchen aus der Form nehmen und auf einem Kuchengitter erkalten lassen. Pikante Kuchen warm servieren.

B

Backdauer Die angegebenen Backzeiten sind Richtwerte und sind auf Geräte mit Heißluft/ Umluft abgestimmt. Bei älteren Geräten erhöht sich die Backdauer um 5 bis 10 Minuten.

Backformen Ideal sind antihaftbeschichtete Metallformen (Bleche). Sie sind gute Wärmeleiter und geben die Wärme rasch an das Backgut weiter. Porzellan- und Glasformen haben eine verzögerte Wärmeabgabe. Die Zeitangaben in den Rezepten beziehen sich auf Formen mit optimaler Wärmeleitung. Bei verzögerter Wärmeabgabe verlängert sich die Backzeit um 5 bis 10 Minuten.

Backform, vorbereiten Die Backform immer einfetten, entweder mit ein wenig weicher Butter oder mit wenig Öl (einpinseln). Bei normalem Blätterteig erübrigt sich das Einfetten, weil der Teig beim Backen genügend Fett ausscheidet.

Backpulver, Weinstein- Enthält im Gegensatz zu herkömmlichem Backpulver kein Phosphat und keine Phosphorsäure. Weinsteinbackpulver gibt es im Reformhaus/Bioladen in Portionenbeuteln (20 g). Es besteht aus dem Treibmittel Natronbicarbonat und dem Säurungsmittel Weinstein. Durch chemische Reaktion entsteht im Teig Kohlensäure. Sie lockert den Teig und treibt ihn in die Höhe.

Backtrennpapier Form auf das Papier legen, mit dem Bleistift dem Rand entlang fahren. Die Rondelle/das Rechteck ausschneiden. Den Rand der Form einfetten, Rondelle/Rechteck auf den Boden der Form legen.

Blätterteig Rezept Seite 19

Blätterteig, Quark- Rezept Seite 18

Blindbacken Ausgerollten Teig in die eingefettete Form legen. Rondelle/Rechteck aus Backpapier in Formgröße zuschneiden, auf den Teigboden legen. Form mit Hülsenfrüchten (Trockenerbsen, Linsen), Kirsch- oder Aprikosensteinen füllen. Gemäß Rezeptangabe backen. Füllmaterial entfernen (beliebig häufig zu verwenden).

Bratbutter Durch das Erhitzen der Butter verdunstet das Wasser und das geronnene Eiweiß wird entfernt. Die Bratbutter besteht zu fast 100 % aus Fett. Spritzt und verbrennt nicht (im Gegensatz zu normaler Butter).

C

Crème double Extra dicker Rahm/dicke Sahne mit mindestens 45% Fettanteil.

Crème fraîche Dickflüssiger Sauerrahm/saure Sahne. Fettgehalt bis 40%.

D

Dinkel Eine sehr alte und ziemlich unverfälschte Getreideart, die sich heute im biologischen und integrierten Getreideanbau großer Beliebtheit erfreut. Der Dinkel ist ein Vorfahre des Weizens, der züchterisch kaum Veränderungen erfahren hat. Er ist deshalb ertragsmäßig hinter dem Weizen zurückgeblieben. Dinkel hat aufgrund seines hohen Klebereiweißanteiles sehr gute Backeigenschaften.

E

Eier, Freiland- Wem die Tiere genauso am Herzen liegen wie die Eierqualität, wird Freilandeier kaufen. Sie stammen von Hühnern, die täglich mehrere Stunden freien Auslauf auf einer Grünfläche haben, auch im Winter. Deklaration beachten.

H

Honigsorte Für Backwaren eher milde Blütenhonige oder Akazienblütenhonig verwenden. Waldhonig hat einen intensiven Geschmack.

K

Kokosnussraspel Geraspeltes, getrocknetes Fruchtfleisch der Kokosnuss. Luftdicht verschlossen und kühl aufbewahren oder tiefkühlen.

Kürbispüree Kürbis schälen und entkernen. Das Fruchtfleisch klein würfeln. Kürbiswürfelchen am besten in einem Siebeinsatz im Dampf rund garen, bis das Fruchtfleisch weich ist. Durch das Passetout/Passevite drehen oder im Mixerglas oder mit dem Stabmixer fein pürieren. Sehr weiches Kürbisfleisch und kleine Mengen können auch mit einer Gabel zerdrückt werden. Bei faserigen Kürbissorten verwendet man am besten das Passetout/Passevite, weil so die Fasern aufgefangen werden. Oder man streicht das Püree durch ein Spitzsieb. Kürbispüree abtropfen lassen: Püree in ein feines Sieb, z. B. in ein Spitzsieb aus Chromstahl, gießen. Wenn das Sieb zusätzlich mit einem Gazetuch oder einem Küchentuch ausgelegt wird, wird das Püree noch trockener. Je länger man es abtropfen lässt, desto besser. Ideal ist, das Püree über Nacht zum Abtropfen in den Kühlschrank zu stellen. Je nach Kürbissorte erhält man von 100 g rohem Fruchtfleisch 50–80 g Püree.

M

Mascarpone Weicher Frischkäse aus Kuhmilch mit süßlich-säuerlichem Geschmack. Wird aus Frischrahm hergestellt. Kann durch Crème double/Doppelrahm ersetzt werden.

Mehl Type Gibt den mittleren Mineralstoffgehalt in Milligramm je 100 g Mehl an. Mehl Type 405/Weißmehl hat einen mittleren Mineralstoffgehalt von 405 mg/100 g Mehl. Je höher der Ausmahlungsgrad, desto mehr mineralstoffreiche Randschichten des Korns sind im Mehl enthalten.

Deutschland

100 %	Vollkornmehl
98–100 %	Type 1800
85–88 %	Type 1200
82–85 %	Type 1050
64–71 %	Type 550
10–54 %	Type 405 (Weizen)
10–54 %	Type 630 (Dinkel)

Schweiz

100%	Vollkornmehl
70–99 %	Spezialmischungen (Buremehl, Grahammehl, 5-Korn-Mehl)
85–88 %	Haushaltmehl
82–85 %	Ruchmehl
64–71 %	Halbweißmehl
10–54 %	Weißmehl, Semmelmehl, Dunst

Mürbeteig Rezept Seite 16

Mürbeteig, Quark- Rezept Seite 17

Mürbeteig, süßer Rezept Seite 17

P

Pecannuss Hartschalenfrucht mit glatter, leicht aufzubrechender Schale und baumnussähnlichem Kern. Mild-aromatisch, schwach süßlich.

Pie, engl. Früher für gedeckte Kuchen verwendet, heute auch für umhüllte gebräuchlich.

Pistazie Hellgrüner Fruchtkern des Pistazienbaumes. Mandelähnlicher Geschmack. Für Backwaren ungesalzene, frische Kerne verwenden.

Q

Quark, Vollmilch- Aus unpasteurisierter Vollmilch hergestellt. Er unterscheidet sich vom handelsüblichen Quark (Magerquark, Speisequark, Rahmquark) in Konsistenz (fester), Fettanteil, Geschmack (mehr Aroma) und Herstellung.

Quiche, frz. Flacher, salziger Kuchen. Früher aus Brot-, heute aus Mürbe-, Blätter- und Hefeteig.

R

Rohrohrzucker (Sucanat, Mascobado, Panela, Panelista). Bei der Herstellung von Rohrohrzucker wird das Zuckerrohr kalt gepresst und der Saft so eingedampft, dass beides, Zucker und Melasse, im Endprodukt bleiben. Sogenannter brauner Zucker respektive Rohrzucker wird entweder aus weißem Zucker hergestellt, dem Melasse beigemischt wird, oder durch Weglassen der letzten Raffinierungsstufe erreicht.

T

Tarte, frz. Flacher, meist runder Blechkuchen mit salzigem oder süßem Belag.

Teig, kühl stellen und ausrollen Teig zu einer Kugel formen, in Klarsichtfolie einwickeln, 30 Minuten kühl stellen. Auf leicht bemehlter Arbeitsfläche ausrollen. Oder den Teig zwischen zwei Klarsichtfolien ausrollen und erst dann kühl stellen.

Teig, zu feucht Wenig Mehl einkneten.

Teig, zu trocken Ein zu trockener, schlecht zusammenhaltender Teig wird mit wenig Wasser/ Mineralwasser gebunden und geschmeidig gemacht.

V

Vanille, Natur- Aus der Vanilleschote gewonnener Aromastoff. Ist als Pulver, Zucker und Essenz erhältlich (darf nicht mit synthetischem Vanillin oder mit Vanillinzucker verwechselt werden).

Verzierungen Mit Wasser, verquirltem Ei oder Eiweiß auf den Teig kleben.

Vorheizen Ist auch bei modernen Geräten empfehlenswert, weil der Teig knuspriger wird.

Grundrezepte

Mürbeteig (klassischer)

für eine runde Form
von 26–30 cm Durchmesser

200 g Dinkelweißmehl/
Mehl Type 630,
oder
200 g Weizenweißmehl/
Mehl Type 405,
oder
200 g Dinkel- oder Weizen-
ruchmehl/Mehl Type 1050,
oder
200 g Dinkel- oder Weizen-
vollkornmehl
½ TL Salz
100 g kalte Butterstückchen
¾–1 dl/75–100 ml Wasser,
je nach Mehlsorte
(bei Weißmehl braucht
es weniger Wasser als bei
Vollkornmehl)

1 Mehl und Salz in der Teigschüssel mischen, Butterstückchen mit dem Mehl krümelig reiben. Wasser nach und nach zugeben, rasch zu einem Teig zusammenfügen. Nicht kneten!

2 Teig in Klarsichtfolie einwickeln. 30 bis 60 Minuten kühl stellen, dann ausrollen. Oder den Teig zwischen zwei Klarsichtfolien auf Formgröße ausrollen, in die eingefettete Form legen, etwa 30 Minuten kühl stellen (Kühlschrank).

Mehl

Man kann auch eine Mischung aus Dinkel- und Weizenmehl nehmen, z. B. halb Weizen- und halb Dinkelmehl.

Süßer Mürbeteig

für eine runde Form
von 24–26 cm Durchmesser

150 g Dinkelweißmehl/Mehl Type 630,
oder
150 g Weizenweißmehl/Mehl Type 405
½ TL Salz
25 g Zucker
75 g kalte Butterstückchen
1 Eigelb von einem Freilandei
evtl. wenig Wasser

1 Mehl, Salz und Zucker in der Teigschüssel mischen, kalte Butterstückchen mit dem Mehl krümelig reiben. Eigelb zufügen, zu einem weichen Teig zusammenfügen, nicht kneten!

2 Teig in Klarsichtfolie einwickeln. 30 bis 60 Minuten kühl stellen, dann ausrollen. Oder den Teig zwischen zwei Klarsichtfolien auf Formgröße ausrollen, in die eingefettete Form legen, etwa 30 Minuten kühl stellen (Kühlschrank).

Mehl

Es darf auch eine Mischung aus Dinkel- und Weizenmehl sein, z. B. halb Weizen- und halb Dinkelmehl.

Quarkmürbeteig

für eine runde Form
von 26–30 cm Durchmesser

120 g Dinkelweißmehl/Mehl Type 630,
oder
Weizenweißmehl/Mehl Type 405,
oder
200 g Dinkel- oder Weizenruchmehl/
Mehl Type 1050,
oder
200 g Dinkel- oder Weizenvollkornmehl
½ TL Salz
120 g kalte Butterstückchen
120 g Vollmilchquark (Reformhaus/
Bioladen)
oder
120 g Rahm-/Sahnequark

1 Mehl und Salz in der Teigschüssel mischen, kalte Butterstückchen mit dem Mehl krümelig reiben. Quark zugeben und rasch zu einem Teig zusammenfügen. Nicht kneten!

2 Teig in Klarsichtfolie einwickeln. Am besten über Nacht im Kühlschrank ruhen lassen.

Quarkblätterteig

für eine runde Form von 26–30 cm Durchmesser

150 g Dinkelweißmehl/ Mehl Type 630,
oder
150 g Weizenweißmehl/ Mehl Type 405,
oder
150 g Dinkel- oder Weizenruchmehl/Mehl Type 1050,
oder
150 g Dinkel- oder Weizenvollkornmehl
1 TL Salz
120 g weiche Butterstückchen
120 g Magerquark, gut abgetropft
1½ EL Wasser

1 Mehl und Salz in der Teigschüssel mischen. Butter, Quark und Wasser zufügen, zu einem glatten Teig verarbeiten. Nur so lange kneten, wie unbedingt nötig, ohne dass sich die Butter auflöst. Aus dem Teig eine Kugel formen. Teig in Klarsichtfolie einwickeln und 30 Minuten kühl stellen.

2 Teig auf der Arbeitsfläche zu einem Rechteck von 30 cm × 40 cm ausrollen. Eine Schmalseite um ein Drittel nach innen legen, die andere Schmalseite darüberlegen. Nun besteht der Teig aus 3 Lagen. Den Teig in Klarsichtfolie einwickeln, 60 Minuten kühl stellen.

3 Den Teig erneut zu einem Rechteck von 30 cm × 40 cm ausrollen. Wieder einschlagen (siehe Punkt 2) und kühl stellen. Je öfter der Teig gefaltet und kühl gestellt wird, desto blättriger wird er.

Mehl

Man kann auch eine Mischung aus Dinkel- und Weizenmehl nehmen, z. B. halb Weizen- und halb Dinkelmehl.

Blätterteig

für 3 Portionen
für 3 runde Formen von 26–30 cm Durchmesser

500 g Dinkelweißmehl/Mehl Type 630,
oder
500 g Weizenweißmehl/Mehl Type 405,
oder
500 g Dinkel- oder Weizenruchmehl/Mehl Type 1050,
oder
500 g Dinkel- oder Weizenvollkornmehl, Kleie ausgesiebt
500 g weiche Butter
1 TL Salz
2 EL Apfelessig
ca. 1½ dl/150 ml Wasser

1 Butter und 100 g Mehl von Hand leicht zusammenfügen. Zwischen 2 Klarsichtfolien zu einem Ziegel von 20 cm×20 cm formen (das Nudelholz nehmen). 30 Minuten kühl stellen.

2 Restliches Mehl und Salz mischen, Essig und Wasser zufügen, von Hand zu einem geschmeidigen, weichen Teig kneten. In Klarsichtfolie einwickeln, 1 Stunde kühl stellen.

3 Mehlteig zu einem Rechteck von etwa 40 cm×20 cm (doppelt so breit wie der Butterziegel) ausrollen. Butterziegel auf die eine Teighälfte legen und einschlagen. Ränder gut zusammendrücken. Den Teig flach klopfen. Leicht mehlen.

4 Den Teig vorsichtig wieder auf die ursprüngliche Größe von 40 cm×20 cm ausrollen. Den Teig mehr klopfen als rollen. Eine Schmalseite um ein Drittel nach innen legen, die andere Schmalseite darüberlegen. Der Teig besteht nun aus 3 Lagen. Teig in Klarsichtfolie einwickeln, 10 Minuten kühl stellen. Den ganzen Vorgang nochmals wiederholen. Teig in Klarsichtfolie einwickeln, 30 Minuten kühl stellen.

5 Punkt 4, inklusive kühl stellen, 2 bis 3 Mal wiederholen. Je öfter der Teig gefaltet wird, desto blättriger wird er.

6 Weitere Verarbeitung: Den Teig in Klarsichtfolie einwickeln und mindestens 1 Stunde kühl stellen. Idealer ist, wenn man den Teig 1 bis 2 Tage im Kühlschrank ruhen lässt. Den Teig stets mit einem scharfen Messer portionieren, damit die Ränder nicht gequetscht werden. Nur so geht der Teig beim Backen gleichmäßig auf. Die Schnittkanten müssen stets frisch sein. Die Backform muss nicht eingefettet werden. Am besten mit kaltem Wasser ausspülen.

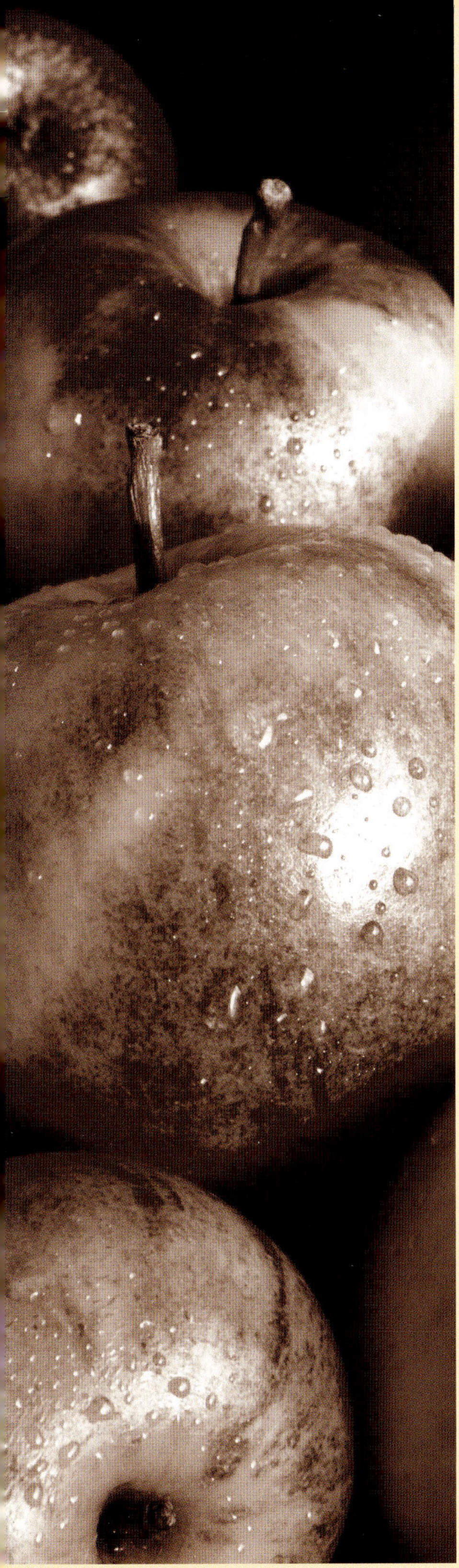

Süß

Saftiger Apfelkuchen

für eine große,
rechteckige Form
für 6 bis 8 Personen

Mürbeteig
250 g Dinkel- oder Weizenvollkornmehl
125 g weiche Butter
2 Freilandeier, verquirlt
1 Prise Vanillepulver
½ TL frisch geriebene Ingwerwurzel oder
1 Msp Ingwerpulver
2 EL Wasser
1 EL Milch- oder Rahm-/Sahnequark

Belag
100 g Honigmarzipan (Reformhaus)
1–1½ kg säuerliche rotschalige Äpfel
1 Zitrone, Saft
50 g Rosinen
1 Prise Zimtpulver
wenig frisch geriebene Ingwerwurzel oder
1 Msp Ingwerpulver

1 Für den Teig Butter in der Teigschüssel luftig aufschlagen, verquirlte Eier, Vanille, Ingwer, Wasser und Quark unterrühren, Mehl zugeben, zu einem geschmeidigen Teig zusammenfügen.

2 Den Mürbeteig zwischen Klarsichtfolien rechteckig ausrollen, in die eingefettete Form legen, 1 Stunde kühl stellen.

3 Den Backofen auf 180 °C vorheizen.

4 Honigmarzipan in kleinen Stücken auf den Teigboden verteilen. Die Äpfel samt Schale vierteln, entkernen, die Viertel in sehr feine Schnitze schneiden. Oder ganze Äpfel mit Kernausstecher entkernen und in sehr feine Ringe schneiden. Auf den Teigboden verteilen. Mit dem Zitronensaft beträufeln. Die Rosinen darauf verteilen. Mit Zimt und Ingwer bestreuen.

5 Apfelkuchen in der Mitte in den Backofen schieben, bei 180 °C 45 bis 60 Minuten backen.

Johannisbeerkuchen

für eine runde Form
von 28 cm Durchmesser

1 Portion Quarkblätterteig, Seite 18

Belag
40 g geschälte, geriebene Mandeln
500 g reife rote Johannisbeeren

Guss
2 Freilandeier
2 dl/200 ml Rahm/Sahne
2 EL Zucker
1 Prise Vanillepulver
½ unbehandelte Zitrone, abgeriebene Schale

1 Quarkblätterteig rund ausrollen und in die eingefettete Form legen, Teigboden mit einer Gabel einige Male einstechen, 30 bis 60 Minuten kühl stellen. Die geriebenen Mandeln auf den Teigboden streuen.

2 Den Backofen auf 210 °C vorheizen.

3 Johannisbeerrispen mit kaltem Wasser überbrausen, Beeren von den Stielen streifen, auf den Teigboden verteilen.

4 Eier, Rahm, Zucker und Vanillepulver verquirlen, die Zitronenschalen zufügen, über die Johannisbeeren gießen.

5 Johannisbeerkuchen in der unteren Hälfte in den Backofen schieben, bei 210 °C 30 bis 40 Minuten backen.

Kirschkuchen

für eine runde Form
von 28 cm Durchmesser

1 Portion Mürbeteig,
Seite 16

Belag
4 EL geriebene Haselnüsse
1 EL Zucker
1 kg rote oder schwarze
Kirschen

Guss
½ dl/50 ml Rahm/Sahne
1 EL Maisstärke
1 Freilandei
2 EL Zucker

1 Kirschen entstielen und entsteinen, in einem Sieb abtropfen lassen (Kirschsaft auffangen und trinken).

2 Den Mürbeteig rund ausrollen und in die eingefettete Form legen, 30 Minuten kühl stellen. Haselnüsse und Zucker mischen, auf den Teigboden streuen. Die Kirschen darauf verteilen.

3 Den Backofen auf 230 °C vorheizen.

4 Den Kirschkuchen auf der untersten Schiene in den Backofen schieben, bei 230 °C 10 bis 15 Minuten backen.

5 Für den Guss den Rahm und Maisstärke glattrühren. Ei und Zucker zufügen, verquirlen, über die Kirschen gießen. Kirschkuchen weitere 10 bis 15 Minuten bei 230 °C backen.

Zwetschgen-Dreiecke

für 8 Dreiecke

1 Portion Blätterteig, Seite 19
1 Eiweiß, verquirlt

40 g geschälte, geriebene Mandeln
1½ EL Zucker
1 EL Zimtpulver
800 g Zwetschgen oder Pflaumen oder Mirabellen oder Reineclaudes
40 g kalte Butter

1 Den Blätterteig etwa 2 mm dick ausrollen, 4 Quadrate von 12 cm Seitenlänge schneiden und diese wiederum in Dreiecke. Vom restlichen Teig Streifen von 1 cm Breite schneiden, pro Dreieck einen Streifen von etwa 40 cm Länge. Die Teigdreiecke auf das Blech legen, mit einer Gabel einige Male einstechen. Die Ränder mit dem verquirlten Eiweiß bepinseln, Teigstreifen auf den Rand legen. 30 bis 60 Minuten kühl stellen.

2 Den Backofen auf 200 °C vorheizen.

3 Mandeln, Zucker und Zimt mischen.

4 Zwetschgen halbieren und entsteinen, Stielansatz keilförmig herausschneiden, Fruchthälften in Spalten schneiden.

5 Mandelmasse in die Dreiecke (nicht auf den Rand geben) füllen. Mit Zwetschgenspalten dicht belegen. Butter stückchenweise darauf verteilen.

6 Zwetschgen-Dreiecke in der Mitte in den Backofen schieben, bei 200 °C 20 bis 25 Minuten backen.

Variante

Zwetschgen durch Aprikosen ersetzen.

Pecannusskuchen

für eine runde Form
von 24–26 cm Durchmesser

Mürbeteig
200 g Dinkel- oder Weizenvollkornmehl
1 TL phosphatfreies Backpulver
80 g kalte Butterstückchen
½ unbehandelte Zitrone, abgeriebene Schale
1 Msp Meersalz
1 TL Akazienblütenhonig
evtl. wenig Wasser

Belag
50 g weiche Butter
150 g feiner Rohrohrzucker
3 Freilandeier
125 g Ahornsirup
250 g Pecannüsse

1 Für den Mürbeteig Mehl und Backpulver in einer Teigschüssel mischen, Butterstückchen zufügen, mit dem Mehl krümelig reiben. Restliche Zutaten zugeben, rasch zu einem Teig zusammenfügen. Teig in Klarsichtfolie einwickeln, mindestens 30 Minuten ruhen lassen.

2 Mürbeteig rund ausrollen und in die eingefettete Form legen, 30 Minuten kühl stellen.

3 Den Backofen auf 180 °C vorheizen.

4 Für die Füllung Butter, Zucker, Eier und Ahornsirup verrühren. Nüsse zufügen, mischen, auf den Teigboden verteilen.

5 Pecannusskuchen auf der zweituntersten Schiene in den Backofen schieben, bei 180 °C 40 Minuten backen.

Apfelkuchen

für eine runde Form
von 28 cm Durchmesser

1 Portion Quarkmürbeteig,
Seite 17

5 mittelgroße Äpfel

Guss
2 Freilandeier
2 dl/200 ml Rahm/Sahne
2 EL Zucker
1 Schuss Kirsch
½ unbehandelte Zitrone,
abgeriebene Schale
1 Prise Zimtpulver

1 Quarkmürbeteig rund ausrollen, in die eingefettete Form legen, 30 Minuten kühl stellen.

2 Den Backofen auf 210 °C vorheizen.

3 Äpfel schälen, vierteln und entkernen, Fruchtviertel in feine Scheiben schneiden, kreisförmig auf den Teigboden legen.

4 Für den Guss Eier, Rahm, Zucker sowie Kirsch verquirlen, Zitronenschale und Zimt zufügen. Den Guss über die Äpfel gießen.

5 Den Apfelkuchen in der Mitte in den Backofen schieben, bei 210 °C 30 bis 40 Minuten backen.

Variante

Äpfel durch Birnen ersetzen.

Aprikosenkuchen

für eine runde Form
von 28 cm Durchmesser

1 Portion Quarkmürbeteig, Seite 17

40 g geriebene Haselnüsse
ca. 800 g reife Aprikosen

Guss
2 Freilandeier
2 dl/200 ml Sauerrahm/saure Sahne
2 EL flüssiger Blütenhonig
1 Msp Vanillepulver

1 Quarkmürbeteig rund ausrollen, in die eingefettete Form legen, 30 Minuten kühl stellen. Haselnüsse auf den Teigboden streuen.

2 Den Backofen auf 210 °C vorheizen.

3 Aprikosen halbieren und entsteinen, Stielansatz keilförmig herausschneiden, Aprikosenhälften nochmals halbieren oder dritteln, kreisförmig auf den Teigboden legen.

4 Für den Guss Eier, Sauerrahm, Blütenhonig und Vanillepulver verquirlen, über die Aprikosen gießen.

5 Den Aprikosenkuchen auf der zweituntersten Schiene in den Backofen schieben, bei 210 °C 30 bis 40 Minuten backen.

Variante

Für eine große rechteckige Form die Zutaten verdoppeln.

Kürbispie mit Ingwerstreusel

für eine runde Form von 28 cm Durchmesser

1 Portion Quarkmürbeteig, Seite 17

Füllung
3 Freilandeier
200 g Crème fraîche
150 g Rohrohrzucker
½ TL Zimtpulver
1 Msp Muskatnuss
1 Msp Nelkenpulver
1 Msp Meersalz
400 g Kürbispüree, Seite 11

Streusel
150 g Weißmehl
70 g Rohrohrzucker
30 g Baumnuss-/Walnusskerne, grob gehackt
40 g fein geriebener Ingwer
100 g weiche Butter

1 Quarkmürbeteig rund ausrollen, in die eingefettete Form legen, 30 Minuten kühl stellen.

2 Den Backofen auf 210 °C vorheizen.

3 Aus Backpapier eine Rondelle in Formgröße ausschneiden, auf den Teig legen, mit Hülsenfrüchten (Linsen, Trockenerbsen) oder mit Kirsch-/Aprikosensteinen füllen. Auf zweitunterster Schiene in den Ofen schieben und bei 200 °C 15 bis 20 Minuten backen. Füllmaterial entfernen.

4 Für die Streusel die Zutaten zu einem Teig kneten. Kühl stellen.

5 Für die Füllung Eier, Crème fraîche und Zucker verrühren, restliche Zutaten unterrühren, auf den Teigboden verteilen.

6 Kürbispie auf der zweituntersten Schiene in den Backofen schieben, bei 210 °C 35 Minuten backen. Streuselteig krümelig über die Pie verteilen. Nochmals 25 Minuten backen.

Kürbispie mit Kokosnussraspel

für eine runde Form von 28 cm Durchmesser

1 Portion Quarkmürbeteig, Seite 17

Füllung
2 Freilandeier
200 g Crème fraîche
3 EL Rohrohrzucker
1 TL Zimtpulver
1 dl/100 ml frisch gepresster Orangensaft
400 g Kürbispüree, Seite 11
50 g Kokosnussraspel
100 g Sultaninen

1 Quarkmürbeteig rund ausrollen, in die eingefettete Form legen, 30 Minuten kühl stellen.

2 Den Backofen auf 200 °C vorheizen.

3 Eier, Crème fraîche, Zucker und Zimt verrühren, Orangensaft und Kürbispüree unterrühren. Kokosnussraspel und Sultaninen unterrühren, auf den Teigboden verteilen.

4 Kürbispie in der Mitte in den Backofen schieben, bei 200 °C 45 Minuten backen.

Tipp

Mit Schlagrahm/-sahne servieren.

Apfelweinkuchen

für eine kleine,
rechteckige Form
oder
für eine runde Form
von 26 cm Durchmesser

1 Portion Quarkmürbeteig,
Seite 17

Füllung
2 EL Weißmehl
3 gehäufte EL Zucker
1 dl/100 ml vergorener
Apfelsaft/-wein
1 Prise Zimtpulver
30 g Butterflocken

1 Quarkmürbeteig rechteckig ausrollen, in die eingefettete Form legen, 30 Minuten kühl stellen.

2 Den Backofen auf 240 °C vorheizen.

3 Für die Füllung das Mehl mit der Hälfte des Zuckers mischen und auf den Teigboden verteilen. Apfelsaft in die Form gießen. Die Butterflocken darauf verteilen. Restlichen Zucker und Zimt darüberstreuen.

4 Apfelweinkuchen auf der zweituntersten Schiene in den Backofen schieben, bei 240 °C rund 20 Minuten backen.

Variante

Den vergorenen Apfelsaft/-wein durch Weißwein ersetzen.

Rhabarbertarte mit Eischneespitzen

für eine runde Form
von 24–26 cm Durchmesser

1 Portion süßer Mürbeteig,
Seite 17

600 g roter Rhabarber
100 g Zucker
½ Beutel Gelierpulver
(für Konfitüren)
100 g Johannisbeergelee
30 g Butterbiskuits/-kekse

Eischneespitzen
2 Eiweiß von Freilandeiern
1 Prise Meersalz
1 TL Zitronensaft
125 g Zucker

1 Mürbeteig rund ausrollen, in die eingefettete Form legen, 30 Minuten kühl stellen.

2 Rhabarber putzen, ungeschält in Würfelchen schneiden, in einer Schüssel mit Zucker und Gelierpulver mischen, Johannisbeergelee unterrühren.

3 Den Backofen auf 200 °C vorheizen.

4 Biskuits möglichst fein zerbröseln, auf den Teigboden streuen, Rhabarbermischung darauf verteilen.

5 Rhabarbertarte auf der untersten Schiene in den Backofen schieben, bei 200 °C 30 Minuten backen. Herausnehmen. Die Temperatur auf 250 °C erhöhen.

6 Für die Eischneespitzen Eiweiß mit Salz und Zitronensaft steif schlagen, den Zucker unterrühren, einige Minuten weiterschlagen. Eischnee in einen Spritzbeutel mit Sterntülle füllen, die Tarte damit garnieren.

7 Rhabarbertarte in der Mitte in den Ofen schieben, Eischneespitzen bei 250 °C Farbe annehmen lassen.

Erdbeer-Rhabarber-Pie

für eine runde Form
von 26 cm Durchmesser

1 Portion süßer Mürbeteig,
Seite 17

Belag
500 g roter Rhabarber
500 g Erdbeeren
200 g Amaretti
100 g Zucker

1 verquirltes Eiweiß
zum Bepinseln

1 Rhabarber putzen, ungeschält in 5 cm lange Stücke schneiden. Gewaschene, entstielte Erdbeeren halbieren.

2 Den Backofen auf 200 °C vorheizen.

3 Amaretti zerbröckeln und auf den Boden der Form verteilen. Mit Rhabarber und Erdbeeren bedecken. Zucker darüberstreuen. Außenrand der Form mit dem verquirlten Eiweiß bepinseln. Den Mürbeteig etwas größer als die Pieform ausrollen, mit einer Gabel einige Male einstechen, auf die Früchte legen, am Außenrand leicht andrücken. Den Teig mit einer Gabel mehrmals einstechen.

4 Rhabarber-Erdbeer-Pie in der Mitte in den Backofen schieben, bei 200 °C 20 Minuten backen.

Tipp

Mit einer Kugel Vanilleeis servieren.

Beeren-Quarkkuchen

für eine runde Form
von 28 cm Durchmesser

1 Portion Quarkmürbeteig,
Seite 17

Guss
2 Freilandeier
2 Eigelbe von Freilandeiern
1 dl/100 ml Milch
2 EL Vanillezucker
100 g Zucker
2 EL Maisstärke
450 g Vollmilch- oder
Rahmquark

Belag
500 g Beeren, z. B.
Johannisbeeren, Erdbeeren,
Himbeeren, Brombeeren,
Heidelbeeren
ca. 4 EL Zucker,
je nach Beerensorte
2 EL Maisstärke
3 EL Wasser

1 Quarkmürbeteig rund ausrollen, in die eingefettete Form legen.

2 Den Backofen auf 220 °C vorheizen.

3 Alle Zutaten für den Guss gut verrühren, auf den Teigboden verteilen.

4 Den Quarkkuchen in der Mitte in den Backofen schieben, bei 220 °C 25 Minuten backen. Der Guss soll noch sehr hell sein.

5 Die Beeren mit dem Zucker in einer Pfanne langsam erhitzen. Die Maisstärke mit dem Wasser verrühren, zu den Beeren geben, köcheln, bis die Flüssigkeit leicht bindet. Das Beerenkompott auf dem Guss verteilen. Erkalten lassen.

Ricotta-Erdbeer-Kuchen

für eine Springform von 24 cm Durchmesser

Mürbeteig
125 g Weißmehl
50 g kalte Butterstückchen
1 unbehandelte Zitrone, abgeriebene Schale
2 EL Zucker
1 Prise Salz
1 Eigelb von einem Freilandei
1 EL Milch

Guss
2 dl/200 ml Milch
50 g Maisstärke
4 Freilandeier
500 g Ricotta
250 g Zucker
1 unbehandelte Zitrone, abgeriebene Schale

500 g mittelgroße Erdbeeren

1 Für den Mürbeteig Mehl und Butterstückchen krümelig reiben. Restliche Zutaten zugeben, zu einem weichen Teig zusammenfügen. Nicht kneten. Den Teig in Klarsichtfolie einwickeln und 30 Minuten kühl stellen.

2 Rand und Boden der Springform einfetten. Teig genau auf Formgröße ausrollen, in die Form legen, etwa 30 Minuten kühl stellen.

3 Erdbeeren waschen und entstielen, ganz lassen.

4 Den Backofen auf 160 °C vorheizen.

5 Teigboden in der Mitte in den Backofen schieben, bei 160 °C 10 bis 12 Minuten goldgelb backen. In der Form belassen.

6 Milch und Maisstärke glattrühren, Eier zugeben, verquirlen, restliche Zutaten unterrühren. Guss in die Form gießen. Früchte darauf verteilen.

7 Ricotta-Erdbeer-Kuchen in der Mitte in den Backofen schieben, bei 160 °C 60 Minuten backen, bis der Guss fest ist.

Osterfladen

für 8–10 kleine Formen oder eine runde Form von 28 cm Durchmesser

1 Portion Quarkmürbeteig, Seite 17
3 EL Akazienblütenhonig

Füllung
4 dl/400 ml Milch
1 Prise Salz
40 g Reisflocken
60 g Butter
1 unbehandelte Zitrone, abgeriebene Schale und Saft
50 g geriebene Mandeln
50 g Rosinen
100 g feiner Rohrohrzucker
3 Freilandeier
1 Prise Salz

1 Quarkmürbeteig 2 mm dick ausrollen und Rondellen in der Größe der Formen ausstechen, in die eingefetteten Formen legen, mit Akazienblütenhonig bepinseln, 30 Minuten kühl stellen.

2 Für die Füllung Milch und Salz aufkochen, Reisflocken unterrühren, bei schwacher Hitze 20 Minuten köcheln lassen, von Zeit zu Zeit rühren. Pfanne von der Wärmequelle nehmen. Butter, Zitronenschale, Zitronensaft, Mandeln, Rosinen sowie Zucker unter die Reismilch rühren, abkühlen lassen.

3 Den Backofen auf 220 °C vorheizen.

4 Eier trennen, Eigelbe unter die Reismasse rühren. Eiweiß mit der Prise Salz zu Schnee schlagen, Eischnee unter die Reismasse heben. Reismasse auf den Teigboden verteilen.

5 Die Osterfladen auf der untersten Schiene in den Backofen schieben, bei 220 °C rund 35 Minuten backen. Aus der Form nehmen und erkalten lassen.

Tipp

Aus Karton eine Schablone mit Ostermotiv herstellen, auf den erkalteten Kuchen legen, mit Puderzucker bestäuben.

Limettenpie

für eine runde Form
von 24 cm Durchmesser

1 Portion süßer Mürbeteig,
Seite 17

Füllung
4 Eigelbe von Freilandeiern
1 Tube gezuckerte Kondensmilch, 250 g
1 dl/100 ml Rahm/Sahne
2 TL Maisstärke
3 Limetten, abgeriebene
Schale und Saft von
2 Limetten
4 Eiweiß
1 Msp Meersalz

Limettenzesten
für die Garnitur

1 Den Rand der Form einfetten, den Boden mit Backpapier belegen. Eine zweite Rondelle zum Blindbacken ausschneiden.

2 Den Backofen auf 200 °C vorheizen.

3 Teig rund ausrollen und in die Form legen, 30 Minuten kühl stellen. Papierrondelle auf den Teig legen. Die Form mit Hülsenfrüchten (Trockenerbsen, Linsen), Kirsch- oder Aprikosensteinen füllen. Den Teigboden in der Mitte in den Backofen schieben, bei 200 °C 8 Minuten backen. Füllmaterial (beliebig oft verwendbar) und Backpapier entfernen.

4 Den Backofen auf 150 °C zurückschalten.

5 Für den Belag die Eigelbe luftig aufschlagen, bis die Masse hell ist, etwa 5 Minuten. Kondensmilch unter ständigem Rühren im «Faden» zugeben. Rahm und Maisstärke glattrühren, mit Limettenschalen und -saft unterrühren. Eiweiß mit Salz steif schlagen, sorgfältig unter die Masse heben. Auf den Teigboden verteilen.

6 Limettenpie in der Mitte in den Backofen schieben, bei 150 °C 25 Minuten backen. Im ausgeschalteten, leicht geöffneten Backofen 15 Minuten ruhen lassen, herausnehmen, auskühlen lassen. Mit Limettenzesten garnieren. Kühl stellen.

Rahmkuchen

für eine runde Form
von 24–26 cm Durchmesser

1 Portion süßer Mürbeteig,
Seite 17

Füllung
3 Freilandeier
2½ dl/250 ml Rahm/Sahne
2 EL Zucker
½ unbehandelte Zitrone,
abgeriebene Schale
1 Msp Zimtpulver
1 EL Maisstärke
2 EL Rosinen

Puderzucker zum Bestäuben

1 Mürbeteig rund ausrollen und in die eingefettete Form legen, 30 Minuten kühl stellen.

2 Den Backofen auf 240 °C vorheizen.

3 Alle Zutaten für die Füllung verrühren, auf den Teigboden gießen.

4 Rahmkuchen in der Mitte in den Backofen schieben, bei 240 °C 20 Minuten backen. Noch warm mit Puderzucker bestäuben.

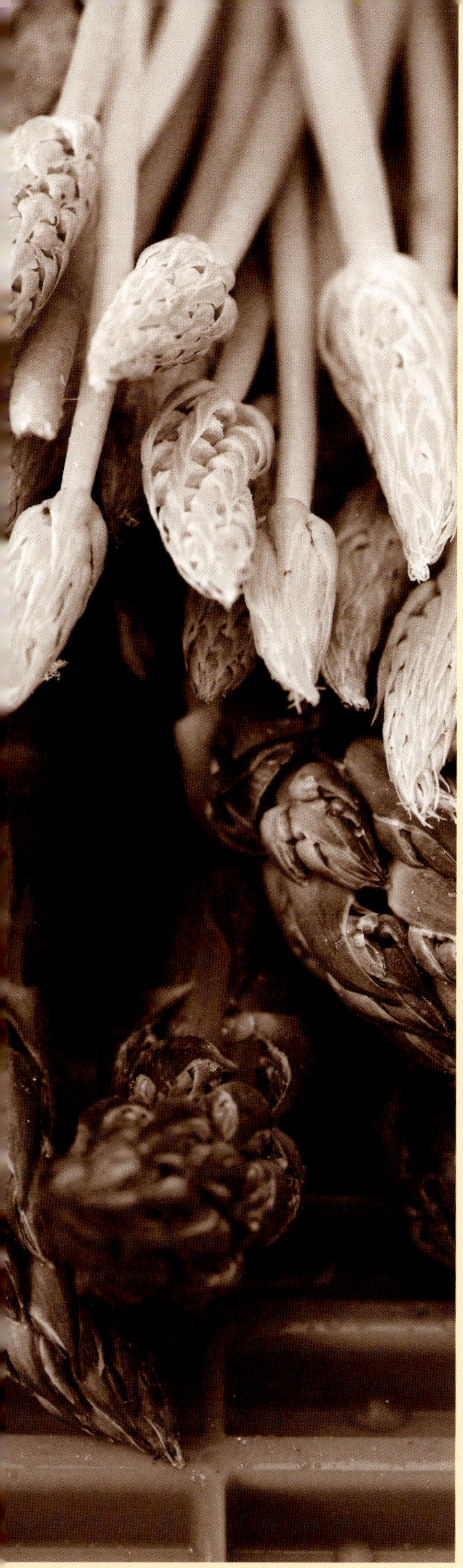

Vegetarisch

Brüsseler Endivie-Nuss-Kuchen

Mahlzeit

für eine runde Form von 28 cm Durchmesser

Mürbeteig
200 g Weißmehl
1 TL Salz
50 g geriebene Haselnüsse
80 g kalte Butterstückchen
1 dl/100 ml Wasser
½ EL Zitronensaft

Belag
ca. 500 g Brüsseler Endivie
1 EL Zitronensaft
½ TL Salz
1 EL flüssige Butter
2 EL geriebene Haselnüsse
50 g Reblochon, in Stückchen
25 g gehackte Haselnüsse
100 g Reblochon, in Schnitzen
2 EL fein geschnittener Schnittlauch

1 Für den Teig Mehl, Salz und Haselnüsse in der Teigschüssel mischen, die Butterstückchen zufügen, mit der Mehlmischung krümelig reiben. Das Wasser und den Zitronensaft zugeben, zu einem Teig zusammenfügen. Nicht kneten. Den Teig rund ausrollen, in die eingefettete Form legen, 30 Minuten kühl stellen.

2 Für den Belag Brüsseler Endivie längs halbieren, den bitteren Teil des Strunks keilförmig herausschneiden, die Hälften nach Belieben längs halbieren oder vierteln. Zitronensaft, Salz und Butter verrühren, Brüsseler Endivien damit einpinseln, im Dampf 3 bis 4 Minuten garen, abkühlen lassen.

3 Den Backofen auf 200 °C vorheizen.

4 Die geriebenen Haselnüsse und die Reblochonstückchen bis auf einen 15 mm breiten Rand auf den Teigboden verteilen. Die Brüsseler Endivie darauf legen. Die gehackten Haselnüsse darüberstreuen.

5 Den Brüsseler Endivie-Nuss-Kuchen auf der zweituntersten Schiene in den Backofen schieben, bei 200 °C 25 Minuten backen. Die Reblochonschnitze und den Schnittlauch darauf verteilen. Sofort servieren.

Kartoffel-Birnen-Kuchen

Mahlzeit

für eine runde Form von 26–28 cm Durchmesser

1 Portion Quarkmürbeteig, Seite 17

250 g Gschwellti/gekochte Schalenkartoffeln vom Vortag
250 g Birnen
100 g Gruyère
1 große Zwiebel, fein gewürfelt
1 Knoblauchzehe, fein gewürfelt
1 Bund Petersilie
einige Majoranzweigchen

Guss
2 Freilandeier
1 dl/100 ml Milch
1½ dl/150 ml Sauermilch
200 g Hüttenkäse/Cottage Cheese
1 Bund Schnittlauch
1 TL Salz
frisch gemahlener Pfeffer
frisch geriebene Muskatnuss

1 Quarkmürbeteig rund ausrollen, in die eingefettete Form legen, 30 Minuten kühl stellen.

2 Kartoffeln schälen, auf der Röstiraffel reiben. Birnen schälen und halbieren, Kerngehäuse ausstechen, Birnenhälften auf der Röstiraffel reiben. Gruyère auf der Röstiraffel reiben. Petersilie und Majoran von den Stielen zupfen, beides hacken. Sämtliche Zutaten mischen.

3 Den Backofen auf 220 °C vorheizen.

4 Für den Guss Eier, Milch und Sauermilch verquirlen, Hüttenkäse und fein geschnittenen Schnittlauch unterrühren, würzen.

5 Guss mit den übrigen Zutaten vermengen. Auf den Teigboden verteilen.

6 Den Kartoffel-Birnen-Kuchen auf der zweituntersten Schiene in den Backofen schieben, bei 220 °C 30 Minuten backen.

Kartoffel-Kürbis-Kuchen

Mahlzeit

für eine runde Form
von 26–28 cm Durchmesser

1 Portion Quarkmürbeteig,
Seite 17

Belag
450 g mehliger Kürbis,
z. B. Oranger Knirps
(Potimarron)
1 EL Butter
1 große Zwiebel
300 g Gschwellti/gekochte
Schalenkartoffeln
vom Vortag
Salz
frisch gemahlener Pfeffer
frisch geriebene Muskatnuss

Guss
1 Freilandei
2 dl/200 ml Rahm/Sahne
50 g geriebener Gruyère
1 Msp Ingwerpulver
1 TL Korianderpulver
Salz
frisch gemahlener Pfeffer

1 Quarkmürbeteig rund ausrollen, in die eingefettete Form legen, 30 Minuten kühl stellen.

2 Kürbis schälen und entkernen, Fruchtfleisch in Würfelchen schneiden, im Dampf knapp weich garen. Beiseite stellen. Zwiebel in feine Scheiben schneiden, in der Butter ein paar Minuten dünsten, auskühlen lassen. Kartoffeln schälen, auf der Röstiraffel reiben.

3 Den Backofen auf 200 °C vorheizen.

4 Für den Guss Ei und Rahm verquirlen, geriebenen Gruyère unterrühren, würzen.

5 Kürbis, Zwiebeln und Kartoffeln auf dem Teigboden verteilen, mit Salz, Pfeffer und Muskatnuss würzen, Guss darübergießen.

6 Kartoffel-Kürbis-Kuchen auf der zweituntersten Schiene in den Backofen schieben, bei 200 °C 35 Minuten backen.

Brokkolikuchen

Mahlzeit

für eine runde Form
von 28 cm Durchmesser

1 Portion Quarkmürbeteig,
Seite 17

700 g Brokkoli ohne Strunk
(Strunk für eine Suppe
verwenden)
100 g Fetakäse

Guss
2 Freilandeier
100 g saurer Halbrahm/
saure Sahne
1 dl/100 ml Rahm/Sahne
Salz
frisch gemahlener Pfeffer

1 Quarkmürbeteig rund ausrollen, in die eingefettete Form legen, 30 Minuten kühl stellen.

2 Brokkoli in die einzelnen Röschen brechen, im Dampf 5 Minuten knackig garen.

3 Backofen auf 220 °C vorheizen.

4 Feta klein würfeln, mit den Brokkoliröschen auf den Teigboden verteilen.

5 Für den Guss Eier, sauren Halbrahm und Rahm verquirlen, würzen. Guss über den Brokkoli und den Käse gießen.

6 Brokkolikuchen auf der zweituntersten Schiene in den Backofen schieben, bei 220 °C 30 Minuten backen.

Rosenkohl-Wirz-Kuchen

Mahlzeit

für eine runde Form von 26 cm Durchmesser

1 Portion Mürbeteig, Seite 16

500 g Rosenkohl
3 dl/300 ml Gemüsebrühe
1 kleiner Wirz/Wirsing
2 EL Olivenöl
1 TL Kreuzkümmelsamen
½ Blumenkohl, ca. 300 g
2 Freilandeier
½ dl/50 ml Rahm/Sahne
80 g geriebener Parmesan
1 EL scharfer Curry
Salz
frisch gemahlener Pfeffer

1 Mürbeteig rund ausrollen, in die eingefettete Form legen, 30 Minuten kühl stellen.

2 Hüllblätter beim Rosenkohl bei Bedarf entfernen, Schnittfläche eventuell frisch anschneiden, in 2 dl/200 ml Gemüsebrühe weich garen. In einem Sieb abtropfen lassen, Brühe auffangen.

3 Wirz vierteln und Strunk entfernen, Wirzviertel quer in feine Streifen schneiden, im Olivenöl andünsten, mit restlicher Gemüsebrühe ablöschen, mit Kreuzkümmel würzen, Gemüse knackig garen. In einem Sieb abtropfen lassen.

4 Strunk des Blumenkohls abschneiden, kleinschneiden, Blume in Röschen brechen, in der Rosenkohlbrühe sehr weich garen, mit Flüssigkeit pürieren, auskühlen lassen. Verquirlte Eier, Rahm und Parmesan unterrühren, würzen.

5 Zuerst die Wirzstreifen, dann den Rosenkohl auf den Teigboden verteilen, Püree darübergießen.

6 Rosenkohl-Wirz-Kuchen in der Mitte in den vorgeheizten Backofen schieben, bei 200 °C 30 Minuten backen.

Spargel-Gemüse-Kuchen

Mahlzeit

für eine runde Form
von 28 cm Durchmesser

400 g Blätterteig, Seite 19

4 weiße Spargel
4 grüne Spargel
250 g Gemüse,
z. B. Karotten, Knollen-
sellerie, Kohlrabi, Lauch

Guss
2 Freilandeier
2 dl/200 ml Rahm/Sahne
Salz
frisch gemahlener Pfeffer

1 Blätterteig rund ausrollen, in die Form legen, mit einer Gabel mehrmals einstechen, 30 bis 60 Minuten kühl stellen.

2 Das untere Drittel beim weißen Spargel großzügig, den Rest sparsam schälen, Schnittstelle abschneiden. Grünen Spargel im unteren Drittel sparsam schälen, Schnittstelle abschneiden. Weiße und grüne Spargelspitzen abschneiden, Stangen in etwa 1 cm lange Stücke schneiden. Karotten, Knollensellerie und Kohlrabi schälen und klein würfeln. Grobfasrige Blätter bei der Lauchstange entfernen, Stange in feine Ringe oder Streifen schneiden. Alles Gemüse im Dampf knackig garen.

3 Den Backofen auf 210 °C vorheizen.

4 Für den Guss Eier und Rahm verquirlen, würzen.

5 Das Gemüse auf den Teigboden verteilen, den Guss darübergießen.

6 Spargel-Gemüse-Kuchen auf der zweituntersten Schiene in den Backofen schieben, bei 210 °C 30 Minuten backen.

Topinamburkuchen

Mahlzeit

für eine runde Form
von 26–28 cm Durchmesser

Mürbeteig
200 g Weißmehl
½ TL Salz
1 Msp Safranpulver
60 g kalte Butterstückchen
4–5 EL Wasser

500 g Topinambure
200 g fest kochende
Kartoffeln

Guss
1 Freilandei
2 dl/200 ml Sauerrahm/
saure Sahne
1½ dl/150 ml Milch
1 EL Mehl
1 TL Salz
je 2 Prisen frisch geriebene
Muskatnuss und Zimtpulver
frisch gemahlener Pfeffer

1 Für den Mürbeteig Mehl, Salz und Safran mischen, Butterstückchen und Mehl krümelig reiben. Wasser zugeben, zu einem Teig zusammenfügen, nicht kneten, 30 Minuten kühl stellen.

2 Den Mürbeteig rund ausrollen, in die eingefettete Form legen, 30 Minuten kühl stellen.

3 Topinambure und Kartoffeln gut waschen, mit Schale in feine Scheiben schneiden, im Dampf bissfest garen, abkühlen lassen.

4 Für den Guss sämtliche Zutaten verquirlen.

5 Den Backofen auf 220 °C vorheizen.

6 Topinambur- und Kartoffelscheiben kreisförmig auf den Teigboden legen, Guss darübergießen.

7 Topinamburkuchen in der Mitte in den Backofen schieben, bei 220 °C 30 Minuten backen.

Wirz-Pilz-Quiche

Mahlzeit

für eine runde Form
von 28 cm Durchmesser

1 Portion Mürbeteig,
Seite 16

2 EL Butter
250 g kleine Champignons
1 kleine Zwiebel,
fein gewürfelt
2 Knoblauchzehen
500 g Wirz/Wirsing
1 dl/100 ml Gemüsebrühe
1 EL gezupfte Thymian-
blättchen oder
½ TL getrockneter
Thymian
Salz
frisch gemahlener Pfeffer

Guss
2 Freilandeier
2½ dl/250 ml Rahm/Sahne
1 dl/100 ml Weißwein
100 g geriebener Sbrinz
Salz
frisch gemahlener Pfeffer
frisch geriebene Muskatnuss

1 Mürbeteig rund ausrollen, in die eingefettete Form legen, 30 Minuten kühl stellen.

2 Wirz halbieren, Strunk entfernen, Blätter quer in Streifen schneiden.

3 Champignons in einem Esslöffel Butter kräftig anbraten, herausnehmen und beiseite legen.

4 Zwiebeln und durchgepressten Knoblauch in restlicher Butter andünsten, Wirz kurz mitdünsten, mit der Gemüsebrühe ablöschen, knackig garen. Thymianblättchen untermischen, würzen, auskühlen lassen.

5 Den Backofen auf 190 °C vorheizen.

6 Für den Guss Eier, Rahm und Wein verquirlen, den Sbrinz unterrühren, würzen.

7 Zuerst den Wirz, dann die Champignons auf dem Teigboden verteilen, Guss darübergießen.

8 Die Wirz-Pilz-Quiche in der Mitte in den Backofen schieben, bei 190 °C 25 bis 30 Minuten backen.

Kürbis-Brokkoli-Kuchen

Mahlzeit

für eine runde Form
von 28 cm Durchmesser

1 Portion Mürbeteig,
Seite 16

3 EL Olivenöl
800 g fruchtiger Kürbis,
z. B. Muscade de Provence
200 g Brokkoli
1 dl/100 ml Weißwein oder
1 dl/100 ml Gemüsebrühe
1 Bund Petersilie
1 EL gezupfte Thymianblättchen
Meersalz
frisch gemahlener Pfeffer
100 g geriebener Fontina
60 g geriebener Gruyère

Guss
2 Freilandeier
1 dl/100 ml Rahm/Sahne

1 Mürbeteig rund ausrollen, in die eingefettete Form legen, 30 Minuten kühl stellen.

2 Kürbis schälen und entkernen, Fruchtfleisch in Würfelchen schneiden. Brokkolistrunk schälen und klein würfeln, Blume in kleine Röschen brechen. Petersilie von den Stielen zupfen und hacken. Kürbis und Brokkoli im Olivenöl andünsten, mit Weißwein ablöschen, Petersilie und Thymian zugeben, würzen, 5 Minuten bei schwacher Hitze köcheln. Auskühlen lassen.

3 Die Eier mit dem Rahm verquirlen.

4 Den Backofen auf 200 °C vorheizen.

5 Fontina auf den Teigboden streuen. Gemüse darauf verteilen. Gruyère darüberstreuen, Guss darübergießen.

6 Kürbis-Brokkoli-Kuchen in der Mitte in den Backofen schieben, bei 200 °C 30 bis 40 Minuten backen.

Mediterrane Kürbis-Ziegenkäse-Quiche

für 2–3 Personen als Mahlzeit

für eine runde Form von 26–28 cm Durchmesser

250 g Mürbeteig, Seite 16, oder
250 g Blätterteig, Seite 19

2 Freilandeier
150 g Ziegenfrischkäse
1 dl/100 ml Weißwein oder
1 dl/100 ml Rahm/Sahne
2 EL Olivenöl
500 g gut abgetropftes mehliges Kürbispüree, Seite 11
100 g geriebener Gruyère
3 EL Mehl
wenig fein gehackter roter Peperoncino/Pfefferschote
2 fein gehackte getrocknete Tomaten
½ Bund frischer Thymian, Blättchen abgezupft
1 Rosmarinzweiglein, Nadeln abgestreift
1 unbehandelte Zitrone, abgeriebene Schale
Kräutersalz, Pfeffer, Paprika

entsteinte schwarze Oliven
Rosmarinzweiglein

1 Mürbeteig rund ausrollen, in die eingefettete Form legen, 30 Minuten kühl stellen.

2 Den Backofen auf 180 °C vorheizen.

3 Eier, Ziegenfrischkäse, Weißwein, Olivenöl und Kürbispüree verrühren, Gruyère, Mehl, Peperoncini, Tomaten, Kräuter und Zitronenschale unterrühren, würzen. Die Kürbismasse auf den Teigboden verteilen.

4 Die Kürbis-Ziegenkäse-Quiche auf der zweituntersten Schiene in den Backofen schieben, bei 180 °C rund 40 Minuten backen. Mit Oliven und Rosmarinzweiglein garnieren.

Kürbis-Kräuter-Quiche

Mahlzeit

für eine runde Form von 28 cm Durchmesser

1 Portion Quarkblätterteig, Seite 18

ganze und gehackte geröstete Kürbiskerne

2 EL Olivenöl
1 Schalotte, fein gewürfelt
1 große Knoblauchzehe, fein gewürfelt
600 g mehliges Kürbisfleisch, z. B. Potimarron, ohne Schale und Kerne, auf der Röstiraffel gerieben
1 EL gehackte Kräuter, z. B. Rosmarin, Thymian, Majoran
Kräutersalz
Gemüsebrühepulver

Guss
3 Freilandeier
1 dl/100 ml Rahm/Sahne
2 dl/200 ml Crème fraîche
Kräutersalz
frisch gemahlener Pfeffer
1 TL mittelscharfer Curry

1 Quarkblätterteig rund ausrollen, in die eingefettete Form legen, Teig mit einer Gabel ein paar Mal einstechen, 30 bis 60 Minuten kühl stellen.

2 Schalotten, Knoblauch und Kürbis im Olivenöl andünsten, Kräuter untermischen, würzen.

3 Den Backofen auf 220 °C vorheizen.

4 Für den Guss Eier, Rahm und Crème fraîche verquirlen, würzen.

5 Ganze und gehackte Kürbiskerne auf den Teigboden streuen. Kürbismasse darauf verteilen, Guss darübergießen. Mit ganzen und gehackten Kürbiskernen bestreuen.

6 Kräuter-Kürbis-Quiche auf der zweituntersten Schiene in den Backofen schieben, bei 220 °C 25 bis 30 Minuten backen.

Tipp

Am Tisch nach Belieben mit wenig Kürbiskernöl beträufeln.

Pilzquiche mit grünem Pfeffer

Mahlzeit

für eine runde Form von 28 cm Durchmesser

1 Portion Mürbeteig, Seite 16

2 EL Butter
500 g gemischte Pilze
grüne Röhrchen einer Frühlingszwiebel
Kräutersalz
frisch gemahlener Pfeffer
1 EL eingelegte grüne Pfefferkörner

3 kleine Tomaten

Guss
2 Freilandeier
200 g Crème fraîche
30 g geriebener Parmesan oder Sbrinz
Salz
frisch gemahlener Pfeffer

1 Mürbeteig rund ausrollen, in die eingefettete Form legen, 30 Minuten kühl stellen.

2 Die Pilze in Streifen schneiden. Die Zwiebelröhrchen in feine Ringe schneiden. Eine Bratpfanne erhitzen. Bratbutter, Pilze und Zwiebelgrün gleichzeitig in die Pfanne geben und andünsten, würzen, in einem Sieb abtropfen lassen.

3 Tomaten mit dem Sparschäler schälen, Stielansatz ausstechen. Gemüsefrüchte halbieren oder vierteln.

4 Den Backofen auf 200 °C vorheizen.

5 Für den Guss Eier und Crème fraîche verquirlen, den Parmesan unterrühren, würzen.

6 Pilze und grüne Pfefferkörner auf den Teigboden verteilen, Guss darübergießen. Tomaten mit der Schnittfläche nach unten darauflegen.

7 Pilzquiche in der Mitte in den Backofen schieben, bei 200 °C 30 bis 35 Minuten backen.

Zwiebelkuchen

Mahlzeit

für eine runde Form
von 28 cm Durchmesser

1 Portion Quarkmürbeteig,
Seite 17

1 EL Olivenöl
800 g Zwiebeln
1 EL Mehl

Guss
2 Freilandeier
1 dl/100 ml Rahm/Sahne
150 g Vollmilch- oder
Rahm-/Sahnequark
½ TL Salz
frisch gemahlener Pfeffer
frisch geriebene Muskatnuss
Paprikapulver

1 Quarkmürbeteig rund ausrollen, in die eingefettete Form legen, 30 Minuten kühl stellen.

2 Zwiebeln in feine Scheiben/Ringe schneiden, im Olivenöl bei schwacher Hitze zugedeckt 10 Minuten dünsten. Mehl darüberstreuen, gut mischen, und auskühlen lassen.

3 Den Backofen auf 220 °C vorheizen.

4 Eier, Rahm und Quark verquirlen, würzen. Zwiebeln zufügen, gut vermengen. Die Zwiebelmasse in die Form füllen.

5 Den Zwiebelkuchen auf der zweituntersten Schiene in den Backofen schieben, bei 220 °C 35 Minuten backen.

Variante

100 g Speckwürfelchen mitdünsten.

Lauch-Kartoffel-Kuchen

Mahlzeit

für eine runde Form von 26–28 cm Durchmesser

1 Portion Quarkmürbeteig, Seite 17
2 EL geriebener Gruyère

Belag
2 EL Olivenöl
1 mittelgroße Zwiebel, fein gewürfelt
2 Knoblauchzehen, fein gewürfelt
200 g Lauch
½ dl/50 ml Gemüsebrühe
500 g Gschwellti/gekochte Schalenkartoffeln vom Vortag

Guss
2 Freilandeier
4 dl/400 ml Sauerrahm/saure Sahne
1 Bund Petersilie, Blättchen von den Stielen gezupft und gehackt
Salz
frisch geriebene Muskatnuss
frisch gemahlener Pfeffer

1 Quarkmürbeteig rund ausrollen, in die eingefettete Form legen, 30 Minuten kühl stellen.

2 Grobfasrige Blätter beim Lauch entfernen, Stangen längs halbieren, quer in feine Streifen schneiden. Zwiebeln, Knoblauch und Lauch im Olivenöl andünsten, mit der Gemüsebrühe ablöschen, etwa 5 Minuten offen köcheln, bis alle Flüssigkeit verdunstet ist.

3 Den Backofen auf 220 °C vorheizen.

4 Die Kartoffeln schälen und auf der Röstiraffel reiben.

5 Eier, Sauerrahm und Kräuter verquirlen, würzen. Zwiebel-Lauch-Gemisch und Kartoffeln zufügen, gut vermengen.

6 Geriebenen Gruyère auf den Teigboden streuen. Die Füllung darauf verteilen.

7 Lauch-Kartoffel-Kuchen auf der zweituntersten Schiene in den Backofen schieben, bei 220 °C rund 40 Minuten backen.

Tomatenquiche

Mahlzeit

für eine runde Form
von 24 cm Durchmesser

Quarkblätterteig
80 g Weißmehl
40 g Gerstenmehl
½ TL Salz
120 g kalte Butterstückchen
120 g Vollmilchquark oder
Rahm-/Sahnequark

Basilkum

6–8 kleine Tomaten
1 Handvoll Oregano und
glattblättrige Petersilie,
von den Stielen gezupft
und gehackt
2 Knoblauchzehen,
fein gewürfelt
2 EL geriebener Parmesan
1 Prise Chilipulver

Guss
2 Freilandeier
100 g Naturjoghurt
1 dl/100 ml Rahm/Sahne
100 g Rahm-/Sahne-
gorgonzola, zerbröckelt
wenig Paprikapulver
Kräutersalz
frisch gemahlener Pfeffer

1 Quarkbätterteig zubereiten: Seite 18. Teig rund ausrollen, in die eingefettete Form legen, mit einer Gabel mehrere Male einstechen, 30 bis 60 Minuten kühl stellen.

2 Den Backofen auf 180 °C vorheizen.

3 Stielansatz der Tomaten ausstechen, Tomaten halbieren, Kräuter, Knoblauch, Parmesan und Chilipulver mischen, auf die Schnittflächen der Tomaten verteilen.

4 Für den Guss Eier, Joghurt und Rahm glattrühren, Gorgonzola zugeben, würzen.

5 Teigboden mit Basilikumblättchen belegen. Gorgonzolaguss darauf verteilen, Tomaten mit der Schnittfläche oben in den Guss setzen.

6 Tomatenquiche auf der zweituntersten Schiene in den Backofen schieben, bei 180 °C 20 Minuten backen.

Lauch-Nuss-Kuchen

Mahlzeit

für eine runde Form
von 28 cm Durchmesser

1 Portion Quarkblätterteig,
Seite 18

2 EL Olivenöl
1 Knoblauchzehe,
fein gewürfelt
500 g Lauch
1 roter Peperone/
Paprikaschote
½ dl/50 ml Weißwein

Guss
2 Freilandeier
2 dl/200 ml saurer
Halbrahm/saure Sahne
1 EL Thymianblättchen
Salz
frisch gemahlener Pfeffer
frisch geriebene Muskatnuss

1 Handvoll gehackte
Baumnuss-/Walnusskerne

1 Quarkblätterteig rund ausrollen und in die eingefettete Form legen, Teig mit einer Gabel ein paar Mal einstechen, 30 bis 60 Minuten kühl stellen.

2 Den Backofen auf 220 °C vorheizen.

3 Grobfasrige Teile beim Lauch entfernen, Lauchstangen längs halbieren, quer in Streifchen schneiden. Peperone halbieren, Stielansatz, Kerne und weiße Rippen entfernen, Schotenhälften klein würfeln. Knoblauch, Lauch und Peperoni im Olivenöl andünsten, mit Weißwein ablöschen, offen ein paar Minuten köcheln lassen.

4 Für den Guss Eier und Sauerrahm verquirlen, Thymian zufügen, würzen.

5 Das Gemüse auf den Teigboden verteilen, den Guss darübergießen, mit den Nüssen bestreuen.

6 Den Lauch-Nuss-Kuchen auf der zweituntersten Schiene in den Backofen schieben, bei 220 °C 30 bis 35 Minuten backen.

Kartoffelkuchen mit Raclettekäse

Mahlzeit

für eine runde Form
von 28 cm Durchmesser

Mürbeteig
300 g Dinkel- oder Weizen-ruchmehl/Mehl Type 1050
150 g kalte Butterstückchen
1 EL Essig
1 dl/100 ml Wasser

400 g vorwiegend fest kochende Kartoffeln
1 große Zwiebel, in feinen Scheiben
1 mittelgroßer Lauch
1 EL Butter
150 g Gomer- oder Raclettekäse
2 Äpfel
Salz
frisch gemahlener Pfeffer

Guss
1 Freilandei
2 dl/200 ml Rahm/Sahne
Salz
frisch gemahlener Pfeffer

1 Mürbeteig zubereiten: Seite 16. 350 g Teig rund ausrollen, in die eingefettete Form legen. Form und den in Klarsichtfolie eingewickelten restlichen Teig 30 Minuten kühl stellen.

2 Kartoffeln in der Schale im Dampf knapp weich garen, noch warm schälen und in Scheiben schneiden.

3 Grobfasrige Blätter beim Lauch entfernen, die Stangen längs halbieren und quer in Streifchen schneiden. Zwiebeln und Lauch in der Butter andünsten, erkalten lassen.

4 Käse in feine Scheiben schneiden. Äpfel schälen, vierteln und entkernen, in Scheiben schneiden.

5 Den Backofen auf 220 °C vorheizen.

6 Zwiebel-Lauch-Gemisch, Kartoffeln, Käse und Äpfel auf den Teigboden verteilen, mit Salz und Pfeffer würzen. Restlichen Teig zu einem 28 cm langen Band ausrollen, 1 cm breite Streifen schneiden, gitterartig auf den Kuchen legen. Das Ei mit dem Rahm verquirlen, mit Salz und Pfeffer würzen, die Teigstreifen damit bepinseln.

7 Den Kartoffelkuchen in der Mitte in den Backofen schieben, bei 220 °C 25 Minuten backen. Rahm-Ei-Mischung in die Zwischenräume gießen. Kuchen weitere 15 Minuten backen.

Cima di Rapa-Kuchen

Mahlzeit

für eine runde Form von 26–28 cm Durchmesser

1 Portion Quarkblätterteig, Seite 18

450 g Cima di Rapa/ Stängelkohl
2 EL Olivenöl
2 Knoblauchzehen, fein gewürfelt
1–2 rote Peperoncini/ Pfefferschoten
Salz
frisch gemahlener Pfeffer

Guss
1 kleiner Ziegenfrischkäse, ca. 150 g
2 Freilandeier, verquirlt
2 dl/200 ml Rahm/Sahne
Salz
frisch gemahlener Pfeffer
1 EL Limonen- oder Olivenöl
1 unbehandelte Zitrone, wenig abgeriebene Schale
1 TL getrocknete Provencekräuter

12 entsteinte schwarze Oliven

1 Quarkblätterteig rund ausrollen, in die eingefettete Form legen, Teig mit einer Gabel mehrere Male einstechen, 30 bis 60 Minuten kühl stellen.

2 Den Backofen auf 220 °C vorheizen.

3 Bei der Cima di Rapa die unteren dicken Teile und die zähen Blätter entfernen. Stiele mit Sparschäler schälen. Gemüse, Blüten und Kraut in möglichst feine Streifen schneiden, im Dampf knackig garen. Oder im Salzwasser 5 Minuten blanchieren; bei dieser Garmethode gehen wertvolle Inhaltsstoffe verloren, das Gemüse wird jedoch feiner im Geschmack.

4 Peperoncini längs aufschneiden, entkernen und in Streifchen schneiden. Knoblauch, Peperoncini und Cima di Rapa im Olivenöl andünsten, würzen.

5 Ziegenfrischkäse in einer Schüssel mit der Gabel zerdrücken. Eier und Rahm unterrrühren, würzen. Limonenöl, Zitronenschale und Provencekräuter unterrühren.

6 Cima di Rapa auf den Teigboden verteilen. Guss darübergießen. Mit den Oliven belegen.

7 Cima di Rapa-Kuchen auf der zweituntersten Schiene in den Backofen schieben, bei 220 °C 30 Minuten backen.

Zum Rezept

Die Cima di Rapa hat ein sehr feines, zartes Kohlaroma. Der Kuchen kann auch mit Wirz/Wirsing zubereitet werden.

Weizenflockenkuchen mit Käse-Zwiebel-Füllung

Mahlzeit

für eine runde Form von 28 cm Durchmesser

Mürbeteig
1 EL Sesamsamen
125 g Weizen- oder Dinkel-halbweißmehl/Mehl Type 550
125 g Weizenflocken
1 Msp Salz
100 g kalte Butterstückchen
1 dl/100 ml kohlensäure-haltiges Mineralwasser

Füllung
1 TL Olivenöl
200 g Zwiebeln, in feinen Ringen
1 Knoblauchzehe, fein gewürfelt
1 Bund Petersilie, Blättchen von den Stielen gezupft und gehackt
2 Freilandeier
1 dl/100 ml Weißwein
250 g geriebener Gruyère
Salz
frisch gemahlener Pfeffer
1 Prise Muskatnuss
1 Prise Paprikapulver

1 Für den Teig Sesam, Mehl, Weizenflocken und Salz mischen, Butterstückchen mit der Mehlmischung krümelig reiben. Mineralwasser nach und nach zugeben, zu einem Teig zusammenfügen. Teig in Klarsichtfolie einwickeln, mindestens 1 Stunde kühl stellen. Bei Zimmertemperatur 5 Minuten ruhen lassen, mit dem Nudelholz leicht klopfen und kurz glatt kneten, Kugel formen. Teigkugel kreuzweise tief einschneiden, 2 bis 3 mm dick ausrollen, in die eingefettete Form legen. 30 bis 60 Minuten kühl stellen.

2 Den Backofen auf 240 °C vorheizen.

3 Zwiebeln und Knoblauch im Olivenöl 5 Minuten dünsten, auskühlen lassen. Petersilie unterrühren.

4 Eier und Weißwein verquirlen, Zwiebelmischung und Käse zufügen, gut mischen, würzen. Die Masse auf den Teigboden verteilen.

5 Zwiebel-Käse-Kuchen auf der untersten Schiene in den Backofen schieben, zuerst 10 Minuten bei 240 °C, dann 20 Minuten bei 210 °C backen. Heiß servieren.

Käse-Dörrbirnen-Kuchen

Mahlzeit

für eine runde Form
von 28 cm Durchmesser

1 Portion Mürbeteig,
Seite 16
6 EL fein gehackte Baum-
nuss-/Walnusskerne

10 ganze Dörrbirnen

Guss
2 Freilandeier
2 dl/200 ml Rahm/Sahne
150 g geriebener Gruyère
frisch gemahlener Pfeffer
frisch geriebene Muskatnuss
1 Msp Paprikapulver

1 Dörrbirnen über Nacht in kaltem Wasser einweichen. Einweichwasser weggießen, Dörrbirnen längs halbieren.

2 Mürbeteig rund ausrollen und in die eingefettete Form legen, 30 Minuten kühl stellen.

3 Den Backofen auf 220 °C vorheizen.

4 Eier und Rahm verquirlen, Gruyère unterrühren, würzen.

5 Nüsse auf den Teigboden streuen. Käsemasse darauf verteilen, Dörrbirnenhälften kreisförmig darauflegen.

6 Käse-Dörrbirnen-Kuchen auf der zweituntersten Schiene in den Backofen schieben, bei 220 °C 30 bis 35 Minuten backen.

Brennnesselquiche mit Sesamsamen

für 2 Personen als Mahlzeit
für 4 bis 6 Personen
als Vorspeise

für 6–8 Portionenförmchen
oder
für eine runde Form
von 26–28 cm Durchmesser

Teig
250 g Dinkel- oder Weizen-vollkornmehl
3 EL Sesamsamen
1 TL Salz
125 g kalte Butterstückchen
1 dl/100 ml Wasser

Füllung
200 g Brennnesselblätter
1 Freilandei
2 dl/200 ml Naturjoghurt
3 EL Sauerrahm/saure Sahne
150 g geriebener Gruyère
Salz
frisch geriebene Muskatnuss
Cayennepfeffer
Kardamompulver

1 Für den Teig Mehl, Sesamsamen und Salz in der Teigschüssel mischen. Butterstückchen zufügen und mit dem Mehl krümelig reiben. Das Wasser zugeben, zu einem geschmeidigen Teig zusammenfügen. Nicht kneten. Mindestens 30 Minuten kühl stellen.

2 Teig 2 mm dick ausrollen und Rondellen in der Größe der Portionenförmchen ausstechen, in die eingefetteten Förmchen legen, 30 Minuten kühl stellen.

3 Den Backofen auf 200 °C vorheizen.

4 Brennnesselblätter zuerst in handwarmem Wasser waschen, dann in viel Salzwasser blanchieren, in ein Sieb abgießen und mit kaltem Wasser abschrecken, abtropfen lassen und von Hand gut ausdrücken, grob hacken.

5 Ei, Joghurt und Sauerrahm glattrühren, Gruyère und Brennnesseln untermischen, würzen, in die Förmchen füllen.

6 Brennnesselquiches in der unteren Hälfte in den Backofen schieben, bei 200 °C 25 bis 30 Minuten backen.

Wichtig

Die Brennnesseln immer mit Handschuhen pflücken und waschen. Für die Quiches können auch ältere Blätter verwendet werden; sie sind weniger zart, geben aber der Quiche einen guten Biss.

Variante

Brennnesseln durch Spinat oder Blattgrün von Krautstielen/Stielmangold ersetzen.

Käse-Karotten-Quiche

Mahlzeit

für eine runde Form
von 26 cm Durchmesser

1 Portion Mürbeteig,
Seite 16

1 Freilandei
2 dl/200 ml Naturjoghurt
oder
2 dl/200 ml Sauermilch
1 Prise frisch geriebene
Muskatnuss
200 g Gruyère
300 g Karotten
3 Knoblauchzehen,
in feinen Scheiben
1 Prise Salz
frisch gemahlener Pfeffer
1 TL gemahlener oder
zerstoßener Koriander
2 Prisen Thymianpulver

1 Mürbeteig rund ausrollen, in die eingefettete Form legen, 30 Minuten kühl stellen.

2 Den Backofen auf 200 °C vorheizen.

3 Gruyère auf der Röstiraffel reiben. Karotten schälen und auf der Röstiraffel reiben.

4 Ei und Joghurt verquirlen, Käse, Karotten und Knoblauch zufügen, mischen, würzen, in die Form füllen.

5 Käse-Karotten-Quiche auf der zweituntersten Schiene in den Backofen schieben, bei 200 °C 30 Minuten backen.

Klosterkuchen

Mahlzeit

für eine runde Form
von 28 cm Durchmesser

1 Portion Mürbeteig,
Seite 16

2 Freilandeier
1 dl/100 ml Rahm/Sahne
Paprikapulver
frisch geriebene Muskatnuss
frisch gemahlener Pfeffer
200 g Zwiebeln,
in feinen Ringen
200 g säuerliche Äpfel
200 g Gruyère

1 Mürbeteig rund ausrollen, in die eingefettete Form legen, 30 Minuten kühl stellen.

2 Den Backofen auf 230 °C vorheizen.

3 Eier und Rahm verquirlen, würzen. Zwiebeln zufügen. Äpfel mit Schale auf der Röstiraffel dazureiben, untermischen. Gruyère ebenfalls dazureiben, untermischen. Füllung auf den Teigboden verteilen.

4 Klosterkuchen auf der untersten Rille in den Backofen schieben, bei 230 °C 25 bis 30 Minuten backen.

Luftige Wirz-Käse-Küchlein

Mahlzeit

für 8 Portionenförmchen
oder
für eine runde Form
von 26 cm Durchmesser

1 Portion Quarkblätterteig,
Seite 14

3 Freilandeier
1 dl/100 ml Milch
1 dl/100 ml Rahm/Sahne
3 EL Crème fraîche
200 g geriebener Gruyère
150 g junger Wirz/Wirsing
frisch gemahlener Pfeffer
Salz
wenig zerstoßene
Kümmelsamen

1 Blätterteig 2 mm dick ausrollen und in die eingefetteten Förmchen legen, Teig mit der Gabel 3 bis 4 Mal einstechen, 30 bis 60 Minuten kühl stellen.

2 Wirz in Streifen schneiden, im Dampf 2 Minuten garen, mit kaltem Wasser abschrecken.

3 Den Backofen auf 220 °C vorheizen.

4 Eier, Milch, Rahm und Crème fraîche verquirlen, Käse und Wirz untermischen, würzen. In die Förmchen füllen.

5 Wirz-Käse-Küchlein auf der zweituntersten Schiene in den Backofen schieben und bei 220 °C 25 Minuten backen.

Variante

Bei einer großen Form verlängert sich die Backzeit um 10 bis 15 Minuten.

Birnen-Roquefort-Kuchen

Mahlzeit

für eine runde Form von 28 cm Durchmessser

1 Portion Quarkmürbeteig, Seite 17

4–5 feste Birnen, je nach Größe
wenig frisch gepresster Zitronensaft

Guss
2 Freilandeier
½ dl/50 ml Milch
200 g Roquefort
50 g geriebener Sbrinz
frisch gemahlener Pfeffer
frisch geriebene Muskatnuss
einige Baumnuss-/Walnusshälften

1 Quarkmürbeteig rund ausrollen, in die eingefettete Form legen, 30 Minuten kühl stellen.

2 Den Backofen auf 220 °C vorheizen.

3 Für den Guss die Eier mit der Milch verquirlen. Den Roquefort mit einer Gabel zerdrücken, mit dem Sbrinz unter die Eiermasse rühren, mit Pfeffer und Muskatnuss würzen.

4 Birnen schälen und halbieren, Kerngehäuse und Stielansatz entfernen. Birnenhälften auf der gewölbten Seite einige Male möglichst tief einschneiden, mit Zitronensaft bepinseln.

5 Birnenhälften mit der Wölbung nach oben nicht zu dicht nebeneinander auf den Teigboden legen. Guss in die Zwischenräume verteilen. Mit den Nüssen garnieren.

6 Den Birnen-Roquefort-Kuchen in der unteren Hälfte in den Backofen schieben, bei 220 °C 30 Minuten backen.

Käseküchlein spezial

Mahlzeit

für 8 Portionenförmchen
von 10 cm Durchmesser

1 Portion Blätterteig,
Seite 19

2 Freilandeier
2 dl/200 ml Naturjoghurt
1,2 dl/120 ml Milch
1 große Zwiebel
150 g Gruyère
100 g Freiburger Vacherin
100 g Appenzeller Käse
frisch gemahlener Pfeffer
frisch geriebene Muskatnuss

1 Teig 2 mm dick ausrollen, Rondellen in der Größe der Förmchen ausstechen, in die eingefetteten Förmchen legen, 30 Minuten kühl stellen.

2 Den Backofen auf 220 ° C vorheizen.

3 Eier, Joghurt und Milch verquirlen. Die Zwiebel schälen und fein hacken, zur Eiermasse geben. Den Käse auf der Röstiraffel zur Eiermasse raspeln, gut vermengen und würzen, in die Förmchen füllen.

4 Käseküchlein in der unteren Hälfte in den Backofen schieben, bei 220 °C 25 bis 30 Minuten backen.

Variante

Die Zutaten reichen auch für eine runde Form von 28 cm Durchmesser. Die Backzeit verlängert sich um 10 bis 15 Minuten.

Lauch-Sprossen-Kuchen

Mahlzeit

für eine große, rechteckige Form

Hefeteig
350 g Dinkel- oder Weizenruchmehl/Mehl Type 1050
1 TL Salz
1 EL Olivenöl
1 Hefewürfel
ca. 2½ dl/250 ml lauwarmes Wasser

Belag
2 EL Olivenöl
600 g Lauch
300 g Mungobohnensprossen
6 EL dicke Tomatensauce
schwarze und grüne Oliven
Kräutersalz
frisch gemahlener Pfeffer
getrocknete Kräuter
200 g Mozzarella, auf der Röstiraffel gerieben
2–3 EL Olivenöl

1 Für den Teig das Mehl in eine Schüssel geben und eine Vertiefung drücken. Salz auf den Rand streuen, Olivenöl darüberträufeln. Hefe krümelig in die Vertiefung geben. Wasser und Mehl nach und nach mit der Hefe verrühren, zu einem Teig zusammenfügen, auf der Arbeitsfläche 10 Minuten kräftig kneten, in die Schüssel legen. Schüssel mit einem feuchten Tuch zudecken, den Teig bei Zimmertemperatur 30 Minuten gehen lassen.

2 Grobfasrige Teile beim Lauch entfernen, Stangen längs halbieren, Hälften quer in feine Streifen schneiden, in einem Esslöffel Olivenöl kurz dünsten, würzen.

3 Mungosprossen in einem Esslöffel Olivenöl andünsten.

4 Hefeteig auf Formgröße ausrollen, in die eingefettete Form legen. Tomatensauce auf dem Teig verstreichen. Lauch, Sprossen und Oliven darauf verteilen. Mit Kräutersalz, Pfeffer und Kräutern würzen. Mozzarella darüber verteilen. Mit dem Olivenöl beträufeln. 10 Minuten gehen lassen.

5 Den Backofen auf 220 °C vorheizen.

6 Lauch-Sprossen-Kuchen in der unteren Hälfte in den Backofen schieben, bei 220 °C 15 Minuten backen.

Tipp

Vor dem Servieren mit Olivenöl beträufeln.

Fleisch & Fisch

Forellen-Marroni-Kuchen

Mahlzeit

für eine runde Form von 24 cm Durchmesser

1 Portion Quarkblätterteig, Seite 18

40 g Butter
2 kleine Zwiebeln, fein gewürfelt
100 g Champignons, in feinen Scheiben
4 Forellenfilets, ca. 300 g
150 g tiefgekühlte Marroni/Kastanien
½ l Gemüsebrühe

Guss
2 Freilandeier
100 g Crème fraîche
Salz
frisch gemahlener Pfeffer
1 Bund Schnittlauch

1 Quarkblätterteig rund ausrollen, in die eingefettete Form legen. Den Teig mit einer Gabel einige Male einstechen, 30 Minuten kühl stellen.

2 Die tiefgekühlten Marroni in der Gemüsebrühe weich garen, etwa 15 Minuten, in ein Sieb abgießen. Früchte grob hacken.

3 Den Backofen auf 210 °C vorheizen.

4 Den Blätterteigboden in der Mitte in den Backofen schieben, bei 210 °C 10 Minuten blind backen.

5 Pilze und Zwiebeln in der Butter bei starker Hitze dünsten, bis alle Flüssigkeit verdampft ist. Abkühlen lassen.

6 Für den Guss Eier und Crème fraîche verquirlen, würzen. Den Schnittlauch fein schneiden und unterrühren.

7 Die Haut der Forellenfilets abziehen, Filets mit Salz und Pfeffer würzen. Auf den vorgebackenen Teigboden legen. Pilzgemisch und Marroni darauf verteilen. Guss darübergießen.

8 Forellen-Marroni-Kuchen in der Mitte in den Backofen schieben, bei 210 °C 30 Minuten backen.

Lauch-Fisch-Kuchen

Mahlzeit

für eine runde Form
von 26 cm Durchmesser

1 Portion Mürbeteig,
Seite 16

1 EL Olivenöl
400 g dünne Lauchstangen
1 dl/100 ml Weißwein
Salz
frisch gemahlener Pfeffer
300 g feste Fischfilets,
z. B. Dorsch

Guss
2 Freilandeier
1 dl/100 ml Milch
250 g Vollmilch- oder
Rahm-/Sahnequark
einige Safranfäden
Kräutersalz
frisch gemahlener Pfeffer
frisch geriebene
Muskatnuss

1 Mürbeteig rund ausrollen, in die eingefettete Form legen, 30 Minuten kühl stellen.

2 Grobfasrige Teile beim Lauch entfernen, Stangen schräg in etwa 3 cm lange Stücke schneiden, im Olivenöl einige Minuten dünsten. Weißwein angießen, offen köcheln lassen, bis alle Flüssigkeit verdunstet und der Lauch noch knackig ist. Mit Salz und Pfeffer würzen, auskühlen lassen.

3 Backofen auf 220 °C vorheizen.

4 Form in der Mitte in den Backofen schieben, bei 220 °C 10 Minuten vorbacken. Backofen auf 180 °C zurückschalten.

5 Fischfilets in Würfel schneiden, mit Salz und Pfeffer würzen.

6 Fischwürfel und Lauch auf den Teig verteilen. Guss darübergießen.

7 Lauch-Fisch-Kuchen in der Mitte in den Backofen schieben, bei 180 °C 20 Minuten backen.

Meeresfrüchte-Lauch-Quiche

Mahlzeit

für eine runde Form
von 26 cm Durchmesser

1 Portion Quarkblätterteig, Seite 18

2 EL Olivenöl
600 g Lauch
1 kleine Zwiebel, fein gewürfelt
1 dl/100 ml Weißwein

Guss
3 Freilandeier
3 dl/300 ml Milch
Salz
frisch gemahlener Pfeffer

8 geschälte Riesenkrevetten/-garnelen
3 Dillzweige

1 Quarkblätterteig rund ausrollen, in die eingefettete Form legen, 30 Minuten kühl stellen.

2 Beim Lauch die grobfasrigen Teile entfernen, Stangen in 5 mm dicke Scheiben schneiden.

3 Lauch und Zwiebeln im Olivenöl 3 Minuten dünsten, mit dem Weißwein ablöschen, offen köcheln lassen, bis fast alle Flüssigkeit verdampft ist. Auskühlen lassen.

4 Den Backofen auf 220 °C vorheizen.

5 Für den Guss Eier und Milch verquirlen, würzen. Lauch-Zwiebel-Gemisch unterrühren, auf dem Teigboden verteilen. Riesenkrevetten darauflegen.

6 Meeresfrüchte-Lauch-Quiche in der Mitte in den Backofen schieben, bei 220 °C 20 Minuten backen.

Grünspargelkuchen mit Speck

Mahlzeit

für eine runde Form von 26 cm Durchmesser

1 Portion Mürbeteig, Seite 16

500 g grüner Spargel
50 g luftgetrockneter Speck

Guss
3 Freilandeier
2 dl/200 ml Rahm/Sahne
Salz
frisch gemahlener Pfeffer
frisch geriebene Muskatnuss

1 Teig rund ausrollen, in die eingefettete Form legen, etwa 30 Minuten kühl stellen.

2 Das untere Drittel des Grünspargels schälen, Schnittstelle abschneiden, Spargel im Dampf knackig garen, unter kaltem Wasser abschrecken.

3 Für den Guss Eier und Rahm verrühren, würzen.

4 Den Backofen auf 220 °C vorheizen.

5 Spargel strahlenförmig auf den Teigboden legen. Es können mehrere Schichten aufeinander gelegt werden. Falls nötig, den Spargel in Stücke schneiden. Den in Streifen geschnittenen Speck zwischen und über den Spargel streuen. Den Guss darübergießen.

6 Spargelkuchen auf der untersten Schiene in den Backofen schieben, bei 220 °C 30 Minuten backen.

Blumenkohlpie mit Sardellen

Mahlzeit

für eine Springform von 28 cm Durchmesser

400 g Blätterteig, Seite 19

2 EL Olivenöl
2 Knoblauchzehen
1 kleines Stück Ingwerwurzel
1 Blumenkohl, ca. 500 g
1 dl/100 ml Weißwein
wenig Gemüsebrühe
4 Eigelbe von Freilandeiern
400 g Ricotta
4 EL geriebener Sbrinz oder Parmesan
10 Sardellen
1 unbehandelte Zitrone, abgeriebene Schale
Kräutersalz, Pfeffer
frisch geriebene Muskatnuss
Paprikapulver
1 Eiweiß

1 Eigelb zum Bestreichen

Mediterrane Zitronensauce
3 EL Crème fraîche
6 EL Olivenöl
1 unbehandelte Zitrone, abgeriebene Schale
Salz, Pfeffer

1 Blumenkohlstrunk abschneiden, zarte Teile in feine Stäbchen schneiden, Blume in möglichst kleine Röschen teilen. Sardellen hacken. Knoblauchzehen fein hacken. Ingwer schälen und fein reiben.

2 Knoblauch und Ingwer im Olivenöl andünsten, Blumenkohl mitdünsten, mit Weißwein und wenig Gemüsebrühe ablöschen, Gemüse bei schwacher Hitze knackig dünsten. Es soll keine Flüssigkeit mehr übrig bleiben. Auskühlen lassen. Ein Drittel des Blumenkohls fein hacken, Rest ganz lassen.

3 Eigelb, Ricotta, Sbrinz, Sardellen und fein gehackten Blumenkohl mischen. Würzen. Eiweiß steif schlagen, unterziehen.

4 Backofen auf 180 °C vorheizen. Boden der Springform mit Backpapier belegen, den Rand einfetten.

5 Blätterteig in 2 Portionen teilen, 150 g werden für den Deckel, der Rest für den Boden gebraucht. Den Teig für den Boden so groß ausrollen, dass er 4–5 cm (Rand) hochgezogen werden kann. Boden mit einer Gabel einige Male einstechen. Ricotta-Blumenkohl-Masse auf den Teigboden verteilen, restlichen Blumenkohl darauflegen. Den Teig für den Deckel auf Formgröße ausrollen und auf die Füllung legen. Rand des Teigdeckels anfeuchten, den Rand des Bodens darüberlegen, andrücken. Den Deckel mit Eigelb bestreichen, mit einer Gabel einige Male einstechen.

6 Blumenkohlpie in der Mitte in den Backofen schieben und bei 180 °C 40 bis 45 Minuten backen.

7 Für die Zitronensauce sämtliche Zutaten verrühren, würzen.

Spinatkuchen

Mahlzeit

für eine runde Form von 28 cm Durchmesser

1 Portion Mürbeteig, Seite 16

2 EL Olivenöl
1 kleine Zwiebel, fein gewürfelt
1 Knoblauchzehe, fein gewürfelt
1 EL Mehl
800 g kleinblättriger Spinat
100 g Speckwürfelchen oder -streifen

Guss
2 Freilandeier
2 dl/200 ml Rahm/Sahne
Salz
frisch gemahlener Pfeffer
frisch geriebene Muskatnuss

1 Den Mürbeteig rund ausrollen und in die eingefettete Form legen, 30 Minuten kühl stellen.

2 Zwiebeln und Knoblauch im Olivenöl andünsten, mit dem Mehl bestäuben und mitdünsten. Spinat zufügen, zusammenfallen lassen, in einem Sieb abtropfen und erkalten lassen.

3 Den Backofen auf 230 °C vorheizen.

4 Speckwürfelchen und Spinat auf den Teigboden verteilen.

5 Für den Guss Eier und Rahm verquirlen, würzen, über den Spinat gießen.

6 Den Spinatkuchen auf der untersten Schiene in den Backofen schieben, bei 230 °C 25 bis 30 Minuten backen.

Karotten-Zucchini-Kuchen

Mahlzeit

für eine runde Form von 30 cm Durchmesser

1 Portion Mürbeteig, Seite 16

400 g Karotten
400 g Zucchini
100 g Speckwürfelchen
2 EL fein gehackte Petersilie
1 EL fein gehackter Majoran
1 EL fein geschnittenes Basilikum
Salz
frisch gemahlener Pfeffer
180 g geriebener Gruyère

1 Mürbeteig rund ausrollen, in die eingefettete Form legen, 30 Minuten kühl stellen.

2 Karotten schälen, mit dem Sparschäler feine Streifen abziehen. Zucchini beidseitig kappen, mit dem Sparschäler ebenfalls Streifen abziehen. Speckwürfelchen in einer Bratpfanne ohne Fett braten.

3 Den Backofen auf 220 °C vorheizen.

4 Gemüsestreifen auf dem Teigboden verteilen. Speck und Kräuter darüberstreuen, mit Salz und Pfeffer würzen. Gruyère darüberstreuen.

5 Den Karotten-Zucchini-Kuchen in der Mitte in den Backofen schieben, bei 220 °C 20 Minuten backen.

Gemüse-Hackfleisch-Kuchen

Mahlzeit

für eine runde Form von 28 cm Durchmesser

1 Portion Mürbeteig, Seite 16

Füllung
2 EL Olivenöl
300 g gemischtes Hackfleisch, halb Rind/halb Schwein
1 kleine Zwiebel, fein gewürfelt
1 Bund Petersilie
100 g Karotten
100 g Knollensellerie
1 kleiner Lauch

Guss
2 Freilandeier
2 dl/200 ml Rahm/Sahne
Salz
frisch geriebene Muskatnuss

1 Mürbeteig rund ausrollen, in die eingefettete Form legen, 30 Minuten kühl stellen.

2 Petersilie von den Stielen zupfen und hacken. Karotten und Knollensellerie schälen und klein würfeln. Grobfasrige Blätter beim Lauch entfernen, die Stange in feine Ringe schneiden.

3 Hackfleisch, Zwiebeln und Petersilie im Öl andünsten, Karotten, Sellerie und Lauch 3 bis 4 Minuten mitdünsten. Auskühlen lassen.

4 Den Backofen auf 230 °C vorheizen.

5 Für den Guss Eier und Rahm verquirlen, würzen.

6 Gemüse-Fleisch-Mischung auf dem Teigboden verteilen. Den Guss darübergießen.

7 Den Gemüse-Hackfleisch-Kuchen auf der untersten Schiene in den Backofen schieben, bei 230 °C 25 bis 30 Minuten backen.

Tomatenkuchen mit Chorizo

Mahlzeit

für eine runde Form von 28–30 cm Durchmesser

Hefeteig
250 g Dinkel- oder Weizenweißmehl
½ TL Meersalz
15 g zerbröckelte Hefe
1½ EL Olivenöl
1¾–2 dl/175–200 ml lauwarmes Wasser

Belag
ca. 75 g Chorizo (spanische Wurst), in dünnen Scheiben
8 geschälte kleine Rundtomaten (Ramati)

Guss
2 Freilandeier
1½ dl/150 ml Milch
75 g geriebener Parmesan
1 EL gehackter Oregano
Meersalz
frisch gemahlener Pfeffer

Oregano für die Garnitur

1 Für den Teig das Mehl und das Salz in einer Schüssel mischen, eine Vertiefung drücken. Hefe, Olivenöl und Wasser in die Vertiefung geben, zu einem weichen, glatten Teig kneten. Die Schüssel mit einem feuchten Tuch zudecken, den Teig bei Zimmertemperatur auf das doppelte Volumen aufgehen lassen.

2 Für den Guss Eier und Milch verquirlen, Käse und Oregano unterrühren, würzen.

3 Tomaten mit dem Sparschäler schälen, Stielansatz ausstechen, Gemüsefrüchte halbieren, gallertartige Masse mit Kernen entfernen.

4 Den Backofen auf 230 °C vorheizen.

5 Den Hefeteig rund ausrollen und in die eingefettete Form legen. Chorizo auf den Teigboden verteilen. Guss darübergießen. Tomatenhälften mit der Wölbung nach oben auf den Teigboden legen.

6 Tomatenkuchen in der Mitte in den Backofen schieben, bei 230 °C rund 20 Minuten backen. Mit Oreganospitzen garnieren.

Register